RÉCLAMATIONS

DES

COMMIS-GREFFIERS DE CHAMBRE DES COURS D'APPEL

Monsieur le Garde-des-Sceaux,

Les Commis-Greffiers des Cours d'Appel de France sachant, depuis quelque temps seulement, que MM. les Greffiers en chef avaient formé un comité permanent où s'élaboraient des projets ayant pour but de leur faire reconnaître des droits et des pouvoirs contre eux, ont cru qu'ils devaient soumettre à votre haute et impartiale appréciation ces projets et les raisons qui les leur font repousser.

Lorsque la France eut un maître, en 1852, les Greffiers en chef des Cours et des Tribunaux crurent le moment propice pour adresser leurs doléances au Gouvernement, sur l'état de gêne où ils se trouvaient, et lui demander l'amélioration de leur casuel, en élevant les émoluments qu'ils percevaient et en en créant d'autres. A cet effet, ils se réunirent, formèrent une association, chargèrent plusieurs d'entre eux d'élaborer un projet et de défendre ce qu'ils appelaient leurs droits. Ils réussirent et obtinrent la promulgation du décret du 24 mai 1854. Forts de ce premier succès, ils en poursuivirent un autre, l'élévation de leur traitement; tout d'abord, ils furent repoussés. Ils renouvelèrent l'attaque lorsque, en 1859, ils virent porter les traitements des Greffiers de Chambre à un chiffre qui approchait, et parfois dépassait leur propre traitement. Ils ne furent pas plus heureux. C'est seulement en 1874, M. Ernoul, du barreau de Poitiers, étant Ministre de la Justice, que, après un nouvel échec subi en 1872, ils obtinrent de l'Assemblée nationale l'augmentation qu'ils sollicitaient.

Pour obtenir cette solution avantageuse, ils avaient publié un mémoire intitulé : « *Réclamations des Greffiers en chef des Cours d'Appel,* » daté, à Poitiers, du 31 janvier 1873, et signé par M. Marrot, Greffier en chef de la Cour d'Appel, prenant le titre de « délégué des Greffiers en chef des Cours d'Appel. » Dans ce factum se trouvent plusieurs affirmations qui pourraient être, sans grande peine, réfutées ; mais comme elles sont sans intérêt pour les observations critiques que les Greffiers de Chambre croient devoir faire sur la partie de cette œuvre qui les concerne, ils s'abstiennent de traiter ce sujet, et se bornent à vous présenter, après avoir analysé les réclamations de MM. les Greffiers en chef, leurs observations respectueuses.

A la page 9 de cette œuvre, dans le détail des charges que les Greffiers en chef ont à supporter, M. Marrot fait entrer le salaire de *copistes-expéditionnaires*, et, comme vous le verrez plus loin, il fait faire ce travail par les Greffiers de Chambre, ou, au moins, il le propose.

A la page 22, il affirme que l'augmentation de traitement et de casuel doit leur être accordée, afin de faire disparaître *l'humiliante anomalie* de l'inégalité de leur traitement respectif, qui les place dans une position inférieure à celle de leurs subordonnés, et leur assurer une rémunération proportionnée à l'importance de leur service et de leur responsabilité ; il donne un tableau comparatif des produits des Greffes et de ceux demandés, pour affirmer que le produit net des Greffes, traitement compris, atteindrait à peine 5,000 francs, « ce qui ne pourrait être trouvé exagéré si l'on veut tenir compte des conditions » *d'aptitude, de travail et de lourde responsabilité* qui leur sont imposées. » Responsabilité immense, ajoute-t-il, puisqu'elle s'étend au delà de leurs » propres faits. »

A la suite de la transcription de la notice de l'ouvrage de Dalloz, au mot Greffier, il continue ainsi :

« On peut ajouter, qu'en fait, les Greffiers sont les rédacteurs de plus de » la moitié des jugements et arrêts rendus, tant en matière civile qu'en » matière criminelle et correctionnelle, et que leur expérience des affaires » criminelles est souvent très-utile aux Présidents d'assises, qui se reposent » sur eux d'une foule de soins minutieux, dont la direction nuit toujours à » des travaux plus importants. La somme de travail que l'on exige aujour- » d'hui des Greffiers des Cours d'Appel est *très-supérieure* à ce qu'elle était » autrefois, et il ne se passe d'année que la Chancellerie ou les Parquets » ne leur imposent de nouveaux travaux, ne donnant lieu à aucun émolu- » ment et dont plusieurs ont une importance considérable, tels sont les » statistiques en matière civile ou criminelle, le service de l'assistanee judi- » ciaire, la confection des listes du Jury, etc., etc.; et quantité de recherches » et d'écritures gratuites, dont le nombre augmente sans cesse. »

Il passe aux obligations professionnelles et il dit : qu'il en est une surtout, rigoureuse entre toutes, « la responsabilité attachée à leurs fonctions, et qui » ne s'étend pas seulement à leurs propres actes, mais encore *à ceux de* » *leurs commis*, et les exposerait à une ruine certaine, s'ils ne la conjuraient » par leur vigilance et une connaissance approfondie des exigences de leur » service, » et il énumère les cas où la responsabilité peut être engagée. Il cite deux exemples à Paris, remontant, l'un à 1829, l'autre sans date, et une condamnation à 2,000 francs de dommages-intérêts, pour délivrance d'un bulletin négatif du casier judiciaire (Cour d'Agen).

Il parle des amendes pouvant parfois s'élever à 500 francs, et des condamnations au remboursement des frais d'une affaire criminelle (il a voulu dire procédure), pouvant s'élever à plusieurs milliers de francs.

De tout cela, il tire la conclusion qu'il est de toute justice d'élever le traitement des Greffiers en chef, de leur accorder les 3 francs de droit d'inscription au rôle, par chaque affaire, qu'ils sollicitent, et il termine en affirmant que les Greffiers en chef n'auraient jamais encouru la moindre censure de l'Autorité supérieure.

Dans une autre réclamation, adressée au Sénat par le même, en la même qualité, à la date du 8 décembre 1880, pour participer à la nouvelle augmentation de traitement projetée pour les Membres des Cours et des Tribunaux, on lit, à partir de la vingtième ligne de la troisième page, ce qui suit : « mais » il fut décidé qu'un emploi de commis-greffier serait supprimé dans » chacune des Cours de troisième classe,.... or, cette suppression devant » avoir pour conséquence nécessaire d'augmenter les frais d'expéditionnaires, » payés par les Greffiers en chef, dont la plupart n'ont reçu qu'une augmen- » tation de 600 francs, etc. »

Plus loin, après avoir demandé la moitié du traitement accordé au Président de Chambre, il revient à l'anomalie entre leur traitement fixe et celui des *commis-greffiers*.

Puis il répète ce qui est déjà exprimé dans l'œuvre du 31 janvier 1873, sur le rang, le costume, les devoirs, etc., et termine par la fameuse responsabilité, revient à la citation de Dalloz, à la somme de travail supérieure à ce qu'elle était autrefois, reprend l'énumération des cas de responsabilité, et enfin, M. Marrot termine par une réflexion judicieuse, à ce qu'il nous paraît, tendant à relever les Greffiers de l'oubli où on les laisse, quant aux emplois de judicature que l'on donne si facilement aux notaires, avoués, etc.

Vous avez lu, dans la réclamation du 8 décembre 1880, que la suppression d'un emploi de commis-greffier aurait *pour conséquence nécessaire d'augmenter les frais d'expéditionnaires, payés* par les Greffiers en chef, et de rendre nulle l'augmentation de traitement qui leur avait été accordée récemment. Voilà ce qui est écrit pour passer sous les yeux de l'Autorité supérieure, mais, entre MM. les Greffiers en chef, une autre combinaison a été arrêtée. Partant de la suppression d'un commis-greffier, dans certaines Cours, ces Messieurs ont tiré la conséquence qu'ils auraient le droit, en leur qualité de Greffier en chef, d'exiger des Greffiers de Chambre, outre leur service d'audience et de tous les détails qui s'en suivent, la confection, gratuitement, des rôles de grosses, d'expéditions ou de copies, des extraits et autres pièces pour lesquels ils reçoivent un salaire particulier de l'Etat ou des personnes.

L'éveil nous étant ainsi donné, nous avons recherché, et bientôt découvert, qu'en dehors des réclamations ci-dessus visées, et relativement bénignes, une correspondance *secrète* avait été établie entre ces Messieurs, et nous avons lu, dans une lettre adressée par M. Marrot à ses collègues, datée de Versailles, le 9 décembre 1874, et commençant par ces mots : « Victoire complète ! L'As-
» semblée nationale a adopté................. ce qui suit : Il a été décidé,
» en outre, qu'un emploi de commis-greffier serait supprimé, par voie d'ex-
» tinction, etc.; — de plus, une limite d'âge sera fixée pour la retraite des
» commis-greffiers, *et un règlement interviendra* pour exiger d'eux un tra-
» vail plus assidu *et plus utile à nos intérêts*, etc. »

Il est à remarquer qu'à la fin de cette dépêche, M. Marrot, délégué de *tous* les Greffiers en chef, lorsqu'il signe ses réclamations, qu'il formule ses exigences, convient que *quelques-uns de ses collègues* ne lui ont donné aucun mandat; mais il compte cependant sur *leur délicatesse* pour lui rembourser leur part dans les dépenses que lui a occasionnées la campagne entreprise, et s'élevant, pour chacun, à 235 francs, ce qui n'est rien, en raison *des avantages obtenus et de ceux qu'il croit encore obtenir.*

Encore bien que nos travaux nous laissent peu de loisirs, nous avons pu cependant établir aussi une correspondance entre nous, afin de connaître les usages de chaque Greffe de Cour d'Appel et les exigences des Greffiers en chef, et, alors, il nous a été révélé que si plusieurs ne faisaient pas de l'exercice de leur fonction une affaire de lucre et de produit, et se contentaient des avantages sociaux, de la haute considération qu'elle leur procurait, il en était d'autres qui faisaient passer, en première ligne, un bon produit de leur office, par différents moyens, et notamment en employant, gratuitement, à expédier les grosses, les copies ou autres actes salariés, les Greffiers de Chambre payés par l'Etat. Certains Greffiers de Chambre s'étant refusés à faire ce travail, la question, portée devant les chefs de la Cour, a fait dire par un Procureur Général à un Greffier en chef qui réclamait l'intervention du magistrat pour forcer un Greffier de Chambre récalcitrant à faire ces copies : « que le Greffier en chef réclamant de l'Etat, dans son mémoire,
» les droits qui lui sont accordés, l'Etat ne peut payer deux fois la même
» dépense; il paie le commis-greffier pour un service public, et non pour le
» service personnel du Greffier en chef. »

Il en est quelques-uns qui, se croyant absolument les maîtres des Greffiers de Chambre, poseraient certaines conditions aux candidats avant la présentation, et penseraient aussi pouvoir user du droit de révocation contre ceux qui refuseraient de se soumettre à leurs exigences, étant, d'après les lois, selon eux, *leurs commis, leurs employés. puisque ce sont eux qui les*

Présentent, *les font admettre* comme Greffiers, et surtout parce qu'ils son *responsables* d'eux.

Nous avons appris encore que M. Marrot, notamment, avait invité ses collègues à prendre, vis-à-vis de nous, des mesures coërcitives, et qu'il en était, parmi eux, qui auraient poussé l'exagération de leurs droits jusqu'à ouvrir les lettres adressées aux commis-greffiers (l'une d'elles a été renvoyée au souscripteur sans avoir été communiquée au destinataire). Ce simple récit démontre quels sentiments président aux rapports forcés des Greffiers de Chambre avec certains Greffiers en chef. Mais la correspondance échangée entre ces Messieurs démontrerait encore mieux ces sentiments ; nous en détacherons seulement les parties suivantes, afin de vous éclairer sur les projets conçus et qui nous touchent.

« Versailles, le 24 novembre 1873.

» Monsieur et cher Collègue,

» Sachant combien il était important de veiller à ce que le rapport de la » Commission instituée pour l'examen de nos réclamations, etc.....

» Un Député d'Ille-et-Vilaine ayant communiqué notre mémoire à un com-» mis-greffier de la Cour de Rennes, celui-ci y trouva des passages offensants » pour les commis-greffiers, et a entraîné ses collègues à rédiger avec lui » et signer une protestation, etc.....

» Cette protestation des commis-greffiers de Rennes, œuvre isolée, *aussi* » *inepte dans le fond que dans la forme*, et qui n'a évidemment été inspirée » à ses auteurs que par un sentiment de basse envie, partagé, hélas ! par le » plus grand nombre de *nos commis*, ne saurait, par elle-même, empêcher « l'Assemblée d'accueillir notre demande, etc..... »

« Paris, 16 février 1874.

» Monsieur et cher Collègue,

» La Commission spéciale chargée de statuer sur nos réclamations a, dans » sa dernière séance, tenue le 8 février, maintenu, sans modification, les » allocations indiquées dans ma dernière circulaire, décidé qu'il y avait lieu » de nous confier l'honorariat, et fixé à soixante-dix ans la limite d'âge pour » la mise à la retraite des commis-greffiers, qui pourront être admis, à » l'avenir, à commencer leur service dès qu'ils auront vingt-un ans accom-» plis. Les résolutions prises par la Commission seront très-prochainement » soumises au Conseil d'Etat, où devra être discuté et arrêté le règlement

» d'administration publique, dont l'insertion au *Bulletin des Lois* peut seule
» nous permettre de jouir de l'augmentation du casuel, etc.....

» Le plus grand nombre de mes collègues m'ayant déclaré s'en remettre à
» mon expérience pour décider s'il fallait ou non solliciter l'intervention de
» la Chancellerie pour nous assurer un meilleur service de la part de *nos*
» *commis*, cette question a été l'objet de mes plus vives préoccupations ;
» j'avais, tout d'abord, préparé un projet que je me proposais de soumettre
» à M. le Garde-des-Sceaux ; mais, après mûres réflexions, j'ai renoncé à
» cette idée, et voici les motifs qui m'ont fait agir ainsi :

» Sans doute, il n'est que trop vrai que, dans la plupart des Greffes, les
» commis-greffiers ne fournissent, en général, qu'un très-médiocre service,
» et cherchent de plus en plus à se soustraire à l'autorité légitime des Gref-
» fiers en chef ; mais, d'un autre côté, nous ne devons pas perdre de vue
» que notre droit de contraindre *nos commis* à plus de travail et d'assiduité
» est absolu, et qu'en définitive, c'est très-souvent de notre faute *si nous leur*
» *laissons prendre des habitudes contraires à nos intérêts*.

» Je me suis aussi rappelé la fable du cheval qui, ayant à se plaindre du
» cerf, implora le secours de l'homme, lequel le vengea bien de son ennemi,
» mais, en même temps, le réduisit en servitude, et j'ai craint que *la Chan-*
» *cellerie*, tout en réglementant le travail de *nos commis*, ne s'avisât de
» nous assujettir à certaines obligations d'assiduité et de service *pouvant,*
» *parfois, devenir* TRÈS-GÊNANTES.

» J'ai donc pensé qu'il valait mieux, *provisoirement*, essayer de rétablir
» nous-mêmes la discipline dans nos Greffes, et, dans ce but, je vous *adres-*
» *serai prochainement des documents et des instructions* qui vous permet-
» tront de fortifier votre autorité, dans le cas où cela serait nécessaire, et de
» *surmonter le mauvais vouloir* DE NOS COMMIS.

» En attendant mieux, nous devons nous-mêmes nous trouver d'autant
» plus satisfaits de notre situation actuelle, etc.....

» On ne saurait soutenir, comme le font *quelques collègues* qui se sont
» refusés à s'associer à mes efforts, que les avantages inespérés que nous
» venons d'obtenir se trouvent absorbés par le préjudice que nous occasionne
» la suppression d'un commis-greffier.

» La vérité est que la suppression d'un commis-greffier, depuis longtemps
» arrêtée en principe, ne se rattache en rien à nos réclamations, et aurait eu
» lieu alors même, etc.

» La vérité est encore que la suppression d'un commis-greffier ne peut
» nous occasionner aucun préjudice vraiment appréciable, et que, même dans
» les Cours de troisième classe, composées d'une seule chambre civile, trois
» commis-greffiers suffiront amplement à toutes les exigences de service ; je

» puis formuler cette affirmation avec d'autant plus de certitude de ne point
» émettre une proposition téméraire, que « *depuis longtemps, à la Cour*
» *de Poitiers, j'emploie un commis à des travaux de réorganisation d'ar-*
» *chives, étrangers au service du Greffe, et que mes trois autres commis*
» *font très-facilement tout le service, y compris toutes les expéditions*
» *civiles et criminelles.* »

» Je dois, au surplus, perdre immédiatement un commis, et cette réduction
» du nombre de MES EMPLOYÉS me cause d'autant moins de regret que j'ai pu
» m'assurer par une longue expérience qu'elle ne m'imposera pas de surcroît
» de travail ou de dépense personnelle, etc.

» La suppression d'un commis ne peut donc nous être sensiblement dom-
» mageable, CAR LE PERSONNEL QUE L'ÉTAT *laisse à notre disposition* est encore
» plus que suffisant, *nos commis nous doivent*, ne l'oublions pas. *huit heures*
» *de travail par jour*. C'est à nous de savoir les bien employer et à songer
» sérieusement à mettre un terme aux habitudes *de fainéantise et d'indisci-*
» *pline* qui, dans certains greffes, rendent le service en quelque sorte impos-
» sible.

» Veuillez agréer, etc.

» Signé : MARROT. »

M. Marrot a adressé aussi à ses collègues la formule suivante d'engagement
à faire signer par les commis-greffiers candidats, formule dont nous croyons
savoir qu'il a fait usage pour lui-même, à Poitiers :

« Je soussigné..... choisi par M..... Greffier en chef de la Cour d'Appel
» de..... pour remplir à son greffe un emploi de commis-greffier, promets
» de faire tous mes efforts pour fournir le meilleur service possible, de tra-
» vailler avec assiduité pendant le nombre d'heure fixé par la loi et par les
» règlements de la Cour (au minimum huit heures par jour), de faire avec
» soin toutes les copies et les expéditions civiles et criminelles dont me char-
» gera M....., de n'accepter aucun travail en dehors du greffe, sans son
» autorisation formelle, et m'engage, en outre, à cesser mon service lorsque
» j'aurai atteint ma soixantième année et que j'aurai acquis mes droits à la
» retraite.

» A....., le..... »

Une autre circulaire récemment envoyée par M. Marrot à ses collègues,
dit, entre autres choses :

« Mon dernier voyage à Paris n'aura pas été inutile aux intérêts de notre
» corporation, car j'ai recueilli au Sénat de précieux renseignements sur les

» agissements de *nos commis*, et sur un incident se rattachant à leurs récla-
» mations, dont la gravité est telle, que si le danger très-sérieux dont nous
» sommes menacés n'est pas conjuré à temps, il peut en résulter pour nous
» *les conséquences les plus désastreuses.* — Je ne puis entrer ici dans les
» détails très-circonstanciés et très-confidentiels que j'ai adressés immédiate-
» ment *aux Membres de notre Comité* sur cet incident, qui emprunte aux
» circonstances au milieu desquelles il se produit une gravité exception-
» nelle; je vous dirai toutefois que j'ai tous les mémoires et toute la corres-
» pondance échangée entre nos commis, et que je possède tous les éléments
» nécessaires pour être en mesure de présenter notre défense.

» Lors de la rentrée des Chambres, je retournerai, avec notre Collègue de
» Rennes, à Paris, pour agir et empêcher s'il se peut le conflit de se pro-
» duire............ »

Il résulte donc de ces trois pièces que MM. les Greffiers en chef ont un Comité permanent où s'élaborent leurs projets, dont l'exécution revient à M. Marrot, lequel prend le rôle d'attaqué quand il est l'agresseur, celui-ci étant moins agréable.

C'est contre de pareilles prétentions, qui ne nous paraissent fondées ni en droit ni en équité, que nous avons, en commun, cru qu'il serait utile et bon d'appeler votre attention et de recourir à votre haute autorité, afin que les droits et les devoirs de chacun, une fois bien définis par vous, il n'y ait plus qu'à s'y soumettre.

Daignez nous permettre, M. le Garde des Sceaux, de vous rappeler, le plus brièvement possible, l'état de la législation et de la jurisprudence de la Chancellerie et des Cours et Tribunaux sur ces questions.

Il nous paraît inutile d'entrer dans tous les détails d'incompatibilité de fonctions, de parenté, de rang, de position, d'aptitude de travail, de devoirs, etc., auxquels s'est complu M. Marrot dans son travail; ils sont les mêmes pour les Greffiers en chef que pour les commis-greffiers. Vous savez assurément ces choses mieux que nous; abordons donc de suite les deux points qu'il considère comme fondamentaux :

Le droit de révocation :

1° Examinons la législation antérieure au décret du 30 mars 1808, puis nous examinerons les lois postérieures.

Les lois des 21 ventôse an VII, articles 15 et 16, et 27 ventôse an VIII, article 92, autorisèrent les Greffiers à se faire suppléer dans leurs fonctions par des commis *qu'ils salariaient.*— Dans de semblables conditions, il serait impossible de méconnaître que le commis-greffier est l'homme du Greffier en chef qui le nomme, le paie, et qui peut, par conséquent, le congédier quand et ainsi qu'il lui plaît, le Tribunal n'intervenant alors que pour recevoir le serment du commis.

Le décret du 30 mars 1808 trouva les choses en cet état, les y laissa provisoirement, et continua à dire les « commis-greffiers ; » ils étaient encore les employés du Greffier en chef qui les salariait.

Nous arrivons à la loi sur l'organisation judiciaire et aux décrets de 1810. Le Législateur continue à dénommer commis-greffiers les auxiliaires du Greffier en chef, mais en modifiant déjà les lois antérieures : « le Greffier présen- » tera et fera admettre au serment le nombre de commis-greffiers nécessaires » pour les besoins du service de la Cour ; il en sera responsable. » — Bientôt, pour remédier à certains abus, qui se sont perpétués longtemps, s'ils n'existent encore, le Législateur décide qu'il y aura un Greffier par Chambre et qu'il sera salarié sur les fonds de l'État ; son traitement est fixé à la moitié du traitement du Magistrat. A partir de ce moment, le Greffier de Chambre ne peut plus être considéré comme l'homme, comme la chose du Greffier en chef, qui ne le paie plus, qui ne le nomme pas davantage, qui a seulement le droit de le présenter à l'agrément des Magistrats. — La Cour ou le Tribunal prononce ; si le candidat est accepté, il est admis, sur les réquisitions *du Procureur-Général*, à prêter serment.

Si le Greffier de Chambre commet une faute, il est réprimandé par le Premier Président ou par le Procureur-Général, et après une réprimande, la Cour, sur les réquisitions du Procureur-Général, peut ordonner qu'il cessera ses fonctions sur-le-champ. Le Greffier en chef n'a pas à intervenir. Il doit présenter un autre commis-greffier, sans observations.

Jusque-là, on ne voit pas trop où le Greffier en chef peut puiser son prétendu droit de révocation. C'est ce que décidait l'un de vos prédécesseurs, M. de Serre, et qu'il précisait dans la dépêche du 30 décembre 1819, n° 4811, B. 4, division des affaires civiles, qu'il adressait à M. le Procureur-Général, à Nancy.— En réalité, l'autorité du Greffier en chef sur le commis-greffier ne s'étend qu'au service proprement dit. L'article 153 du règlement du 28 décembre 1838 édicte que le Greffier en chef ne peut émarger les états de traitement pour un commis-greffier malade ou empêché. C'est le Premier Président qui doit le faire. — C'est encore ce Magistrat qui doit lui accorder un congé. Enfin, le Greffier en chef ne peut, sous aucun prétexte, s'attribuer une portion quelconque du traitement accordé aux commis-greffiers.

La loi sur les pensions civiles, du 9 juin 1853, admet à la retraite les commis-greffiers *salariés par l'État*, comme employés de l'État et non du Greffier en chef. Lui, n'y est pas admis ; il n'intervient, même lors de la liquidation de la pension de retraite du Greffier de Chambre, que pour délivrer le certificat constatant la date de la cessation de paiement du traitement et la prestation de serment du successeur. C'est la Cour (ou le Tribunal) à qui appartient le droit de prononcer l'admission à la retraite, parce que c'est cette autorité qui a le droit de prononcer la révocation. — (Instruction de vous, Monsieur le Garde-des-Sceaux, du 10 septembre 1880, n° 5402, p. 3, direction de la comptabilité et des archives.)

Contre ces documents sérieux, auxquels on peut encore ajouter l'opinion de M. Massabiau, homme pratique, dans son ouvrage, au mot Greffier, n° 3804, un jugement du Tribunal de Mont-de-Marsan, du 27 décembre 1864, et un arrêt de la Cour de Rennes, du 12 avril 1875, rendu après l'habile et éloquente plaidoirie de M. Martin-Feuillée, votre Sous-Secrétaire d'État, viendra-t-on produire un arrêt de la Cour d'Orléans, rendu en 1823, et un autre de la Cour d'Agen, rendu en 1848, ainsi que l'opinion de théoriciens qui semblent en opposition? Il suffira de répondre que ces arrêts qui statuent sur des espèces ne sont pas de doctrine, et que ces arrêts ont été rendus avant même l'élaboration des lois qui ont mieux précisé l'état des commis-greffiers; ce qui l'établit mieux encore, selon nous, c'est l'article 75 de l'ordonnance du 19 janvier 1826, qui édicte que les commis-greffiers de la Cour de Cassation ne peuvent être révoqués que de l'agrément de cette Cour. Alors, le Greffier en chef de la Cour de Cassation payait de ses deniers les commis-greffiers, et on pouvait en induire qu'il avait le droit de les révoquer. Le Législateur ne l'a même pas admis; il a exigé, pour la révocation, l'agrément de la Cour. — Il n'en est plus ainsi, les commis-greffiers de la Cour de Cassation étant, depuis le décret du 22 décembre 1853, comme nous, payés par l'État, et soumis à la retenue pour la Caisse des retraites.

Ce qui peut expliquer l'erreur de certains auteurs, selon nous, c'est qu'ils ont confondu tout le personnel des Greffes sous la dénomination générale de commis-greffiers; ils n'ont pas aperçu la distinction à faire entre le commis-greffier de Chambre, salarié par l'Etat, tenant sa fonction de la Cour, institué par elle, et ayant, par suite, un caractère public, et le commis-greffier que le Greffier en chef croirait nécessaire pour les besoins du service intérieur du Greffe ou pour le suppléer dans certains cas, qu'il salarie, et qu'il continue d'être autorisé à présenter au serment, en vertu des lois de l'an VII et de l'an VIII. Mais ce commis-greffier n'a d'existence que pour le temps où son service est nécessaire au Greffier en chef; celui-ci peut donc le congédier comme et quand il lui plaît. Ce fait se présente rarement dans les Greffes des Cours d'Appel; mais il est assez fréquent dans les Greffes des Tribunaux, divisés en plusieurs Chambres, où il y a un commis-greffier par Chambre, d'après la loi, salarié par l'Etat; le Greffier s'occupant exclusivement de l'intérieur du Greffe et ne pouvant toujours suffire à ces travaux, à ceux des cabinets d'instruction, etc., présente et fait admettre au serment, devant le Tribunal, des citoyens qu'il commet comme Greffiers, et paie de ses deniers personnels ; ceux-ci sont donc spécialement ses employés, *ses commis* ; il doit pouvoir les révoquer à son gré. Pour eux, rien n'est modifié dans les lois de l'an VII et de l'an VIII qui leur ouvrent la vie judiciaire. Ils sont et restent les préposés du Greffier, et les lois de 1810 et les subséquentes ne pouvaient les concerner, puisqu'elles sont exclusivement relatives aux *Greffiers salariés par l'Etat.*

C'est sur cette confusion des théoriciens que M. Marrot, se disant délégué des Greffiers en chef, veut appuyer leur prétendu droit de révocation directe ; il est vrai que ne sentant pas le terrain très-solide, il a ajouté qu'étant responsable du commis-greffier, le Greffier en chef doit, à ce point de vue, avoir le droit de révocation, et il cite, à l'appui des responsabilités considérables qu'auraient eu à supporter des Greffiers : le Greffier en chef de la Cour d'Appel de Paris, en 1829, l'un de ses commis ayant perdu un mois des traitements de la Cour ; le Greffier du Tribunal, ayant eu à rembourser plus de 100,000 francs, pour restitution de sommes et valeurs déposées au Greffe, et, enfin, le Greffier condamné par la Cour d'Agen à payer 2,000 francs de dommages-intérêts pour avoir, par erreur, délivré un bulletin du casier judiciaire négatif. Ces citations, vraies au fond, ne sont pas très-exactes quant à la désignation des qualités des coupables. M. Marrot a oublié de faire connaître si le commis-greffier chargé, en 1829, de toucher les traitements de la Cour, était un Greffier de Chambre ou l'employé du Greffier en chef. Le détournement des 100,000 francs n'a pas été fait par l'un des Greffiers de Chambre, ceux-ci ne s'occupent pas et ne doivent pas s'occuper des dépôts. Le Greffier en chef, que seul cela concerne, avait cru devoir faire assermenter un commis spécial pour les dépôts ; il le payait plus ou moins cher, selon leurs conventions ; *son employé, son commis*, a malversé ; il en devenait, non-seulement aux termes des lois de l'an VII et de l'an VIII, mais encore d'après le droit commun, responsable ; en quoi cela peut-il justifier et créer, à l'égard des Greffiers de Chambre, au profit du Greffier en chef, un droit de révocation ? — Quant à la délivrance, par erreur, d'un bulletin du casier judiciaire négatif, c'est l'œuvre du Greffier en chef qui, pour ce, reçoit un salaire.

Ces exemples, exhumés pour justifier une thèse que l'on sent manquer de solidité, nous feraient croire que MM. les Greffiers en chef n'ont pas d'arguments bien sérieux pour justifier leur prétention au droit de révocation *ad nutum*. Si ce droit leur était reconnu, la situation du Greffier de Chambre deviendrait très-précaire ; il serait exposé, à chaque mutation de l'office du Greffe, à être congédié par le nouveau titulaire sur un simple caprice. Il serait cédé par l'ancien Greffier en chef au nouveau, comme un meuble, comme une chose faisant partie intégrante de l'office.

M. Marrot invoque, en outre, la responsabilité des Greffiers en chef, relativement aux amendes auxquelles peuvent être condamnés les Greffiers pour omission de formalités, etc. Il n'y a pas d'exemple, nous croyons, que le Greffier en chef ait jamais été condamné comme responsable d'un Greffier de Chambre, et, ne prenant spécialement que la jurisprudence de la Cour suprême, pour ne pas étendre encore ces observations, déjà bien longues, nous affirmons que cette haute juridiction n'a jamais condamné aux frais d'une procédure à recommencer, aux amendes, etc., le Greffier en chef, comme responsable ; il l'a été *personnellement* quand il tenait la plume, mais c'est toujours le commis-greffier de Chambre qui a dû, personnellement, réparer les erreurs, les infractions à la loi qui lui étaient imputables. Le bulletin criminel de la Cour de Cassation en contient de trop nombreux exemples.

Sur ce point, nous résumant, nous soutenons que le Greffier, chef du service, a le droit de le diriger, de le distribuer comme il l'entend vis-à-vis des Greffiers de Chambre, mais que, si ceux-ci lui doivent obéissance en tout ce qui touche au service, il n'a aucun droit comminatoire direct contre eux ; s'il a le droit de présentation, c'est à la Cour seule qu'appartient le pouvoir d'institution (art. 55 du décret du 6 juillet 1810 et 24 du décret du 18 août suivant). C'est la Cour seule qui a compétence pour prononcer la révocation, et les articles 58 et 26 des mêmes décrets en règlent la procédure. — Enfin, c'est aux Chefs de la Cour seuls qu'a été attribué le droit de réprimander le Greffier de Chambre, le cas échéant.

2° Nous ferons remarquer que si MM. les Greffiers en chef tiennent tant au droit de révocation directe, c'est qu'ils auraient ainsi dans la main le moyen de contraindre les employés de l'Etat, salariés par lui, non-seulement à faire gratuitement les copies, grosses et autres actes pour lesquels ces Messieurs reçoivent des émoluments, des salaires, soit de l'Etat, soit des particuliers, mais encore (M. Marrot reconnaît l'avoir fait lui-même) à exécuter, pour leur compte personnel, des travaux complètement étrangers au Greffe. Les Greffiers de Chambre ne seraient donc *qu'un personnel mis par l'Etat* à leur disposition pour en retirer le meilleur profit possible. Il n'en saurait être ainsi. Autrement, que signifieraient les termes du décret du 30 janvier 1811, qui a fixé les obligations des Greffiers en chef, et dont l'article 8 est ainsi conçu : « Au moyen du traitement fixe, des droits et » remises qui sont attribués par la loi et par les décrets aux Greffiers des » Cours d'Appel, ils demeurent chargés du salaire de *leurs commis-* » *expéditionnaires*, et généralement de toutes les dépenses relatives *au* » *service et à l'entretien des Greffes.* » — MM. les Greffiers en chef doivent donc avoir des commis-expéditionnaires ; ils n'ont aucunement le droit d'exiger des Greffiers de Chambre, leurs auxiliaires pour le service de la Cour, de faire les actes pour lesquels ils touchent un émolument ; agir autrement, ne serait-ce pas tourner les dispositions législatives, et les autoriser à percevoir de l'Etat un salaire pour un travail exécuté gratuitement par un préposé que l'Etat paie, et, ainsi, le lui faire payer deux fois ?

Mais voyez quel illogisme existerait entre les droits du Greffier en chef et les droits des Procureurs-Généraux ! Le premier aurait le pouvoir d'employer les Greffiers de Chambre à toutes espèces de travaux, selon son bon plaisir, et il serait interdit aux seconds d'employer les Greffiers pour les services du Parquet, qui sont cependant plus travaux judiciaires que la *compilation de documents divers pour rédiger l'histoire d'une Cité.*

Une impossibilité matérielle se rencontrerait souvent, du reste, du côté des Greffiers de Chambre pour faire gratuitement les actes salariés des Greffiers en chef. Les travaux de l'audience et ceux qui se font en dehors, et qui sont souvent les plus considérables, ne leur permettraient pas de se livrer à ce supplément de besogne ; s'il était obligatoire pour eux, ce serait à eux qu'incomberait le paiement des commis-expéditionnaires : ingénieux moyen d'opérer, sur leur traitement, une retenue interdite par la loi !

Lorsque M. le Délégué des Greffiers en chef, pour les besoins de sa cause, affirme que les Greffiers sont les rédacteurs de la moitié des jugements et arrêts rendus tant en matière civile qu'en matière criminelle et correctionnelle, que leur expérience est souvent utile aux Présidents d'assises, etc., que la somme de travail exigée actuellement des Greffiers est très-supérieure à ce qu'elle était autrefois, etc., il dit une partie de la vérité ; mais, pour être juste, il ne devrait pas en attribuer le mérite soit à lui, soit à ses collègues, car, dans la réalité des faits, c'est aux Greffiers de Chambre, dans la généralité des Greffes, que sont confiés tous ces travaux qui ne rapportent aucun produit à l'office.

Quoi qu'en ait écrit M. le Délégué des Greffiers en chef, nous affirmons que, parmi les Greffiers de Chambre, il ne s'en rencontre pas un qui jalouse la situation acquise par MM. les Greffiers en chef. Notre *indiscipline* consiste à défendre nos intérêts que nous savons attaqués, et notre *fainéantise* à pourvoir à tous les besoins du service de la Cour, de telle sorte que les Magistrats, près lesquels nous travaillons, soient satisfaits de nous. — Nous le disons sans crainte, ce n'est pas d'eux que nous viendraient de pareils reproches.

Nous savons que nous sommes les modestes auxiliaires des Magistrats, que nous nous devons tout entiers aux fonctions que nous avons l'honneur d'exercer ; nous en avons toujours compris l'importance, sans exagération. —

Soumis, en tout ce qui concerne le service, à MM. les Greffiers en chef, nous ne croyons pas qu'il puisse nous être imposé de contribuer personnellement à l'augmentation de leur fortune. Nous nous efforçons d'être ce que Bacon disait de nos ancêtres : « *Digitus es Curiæ egregius !* » Heureux et fiers quand nous voyons la Magistrature, qui nous connaît bien, manifester ses sentiments d'estime pour ses auxiliaires de chaque jour !

Heureusement, il existe, à la tête de l'Administration de la Justice, un Grand Juge. Il ne permettra pas que des hommes utiles et honorables soient livrés à la merci de chefs trop enclins à ne se préoccuper que de leurs intérêts personnels ; il ne permettra pas qu'un acte d'arbitraire puisse briser des positions modestes qui n'ont été acquises que par un long stage, et que l'on ne conserve que par des efforts constants.

Il voudra bien examiner s'il ne serait pas nécessaire, par une mesure générale, de mettre un terme aux tiraillements intérieurs que les prétentions de M. Marrot et de quelques-uns de ses collègues ont fait naître, afin que les rapports, aujourd'hui très-tendus en certains lieux, fassent, de nouveau, place à l'harmonie autrefois existante et qui tend de plus en plus à disparaître.

Il se rappellera que plusieurs législations étrangères, notamment la législation italienne, laquelle, en sa plus grande partie, n'est, pour l'organisation judiciaire, que le calque de la nôtre, avant la loi de 1816 sur la vénalité, établit une hiérarchie pour les Greffiers comme pour les Magistrats, que ce que l'on nomme les commis-greffiers en France, sont les substituts-greffiers en Italie, et qu'ils n'y sont astreints qu'au service judiciaire.

Confiants dans la haute impartialité avec laquelle vous déciderez sur les prétentions de MM. les Greffiers en chef, et nous inclinant par avance devant votre décision,

> Nous avons l'honneur d'être, avec le plus profond respect,
> Monsieur le Garde-des-Sceaux,

> Vos très-humbles et très-obéissants serviteurs,

Les Commis-Greffiers de Chambre de la Cour d'Appel de

ROUEN. — IMP. J. LECERF.